AF459882

LETTRES
D'UN PAIR
DE LA GRANDE BRETAGNE.
A MILORD,
ARCHEVEQUE DE CANTORBERI.

Sur l'état présent des Affaires de l'Europe.

TRADUITES DE L'ANGLOIS

Par le Chevalier EDOWARD MELTON, membre de la Société Royale de Londres & de celle de Berlin.

A LONDRES,

Chez INNYS près l'Eglise S. Paul.

M. DC. XLV

AVERTISSEMENT

Du Traducteur.

MA reconnoiſſance pour Milord, Archevêque de Cantorberi, ne m'a pas permis de lui refuſer la traduction Françoiſe de ces Lettres. A peine les eut-il reçuës, qu'il eut la bonté de me les communiquer : je pris la liberté de lui en demander copie, il me l'accorda avec ſon affabilité ordinaire ; il me fit même la grace de me prier (c'eſt-à-dire de m'ordonner) de les traduire en François, langue moins énergique à la vérité; mais plus généralement entenduë que l'Angloise. J'ai suivi exactement l'Original; je n'ose me flatter néanmoins d'avoir conservé toute la force, toute la dêlicatesse, toute la vivacité qu'elles ont en notre Langue. C'est le malheureux sort des traductions. Mais si je vois que ces Lettres soient goûtées des Connoisseurs & des habiles Politiques, je les publierai volontiers telles qu'elles ont été écrites à ce sçavant Archevêque; & si je puis obtenir la permission de nommer ce généreux Compatriote, on verra que ſes Ambaſſades en différentes Cours, l'ont mis en état d'en connoître l'intérieur. Il ne s'eſt pas contenté de figurer, avec la dignité convenable à un Miniſtre de la Grande Bretagne; il s'eſt encore inſtruit par lui-même des intérêts & du caractere des Nations, qu'il a pratiquées, & qu'il a même examinées de près. Il a eu ſoin d'en faire la comparaiſon avec l'heureuſe & ſage conſtitution du gouvernement de la Grande Bretagne. Les Pairs du Royaume, qui, connoiſſent ſa maniere vive & libre de s'expliquer dans les aſſemblées du Parlement, n'auront aucune peine à reconnoître ſon caractere, ſi l'on parvient à publier l'Original.

Je crois faire plaiſir aux véritables Anglois de leur faire connoître de quelle maniere les François s'y prennent pour louer leur Roi. Ils verront par le diſcours de M. le Camus, Premier Préſident de la Cour des Aydes de Paris, la différence qui ſe trouve entre le caractere louangeur des François, & le génie moderé de notre Nation.

LETTRES
D'UN PAIR
DE LA GRANDE BRETAGNE,
A MILORD,
ARCHEVEQUE DE CANTORBERI.
Sur l'état présent des Affaires de de l'Europe.

PREMIERE LETTRE.

VOus venez, Milord, de m'enfoncer le poignard dans la sein: vous me donnez la mort par la Relation de la Bataille du

11. May, que vous m'envoyez. Si je ne connoissois pas exactement la droiture & la sincerité du Commandant d'Ostende, de qui vous l'avez reçue, je la regarderois comme une piece supposée par les François, qui cherchent tous les moyens de faire ressource d'honneur, pour soutenir leur gloire & leur vaine réputation. Je me confirmois dans cette pensée par la lecture même de la Gazette de Paris. Le Savetier qui la fait a l'effronterie de dire que les hauts Alliés conviennent qu'ils ont perdu 5000. hommes tués ou blessés : aulieu que les Compilateurs des Gazettes d'Amsterdam & d'Utrecht, tout chetifs & misérables qu'ils soient, ne font mention que de trois mille hommes ; & assurent que notre Armée s'est retirée en bon ordre. Nous verrons ce qu'en

dira le fanatique *Rouſſet* dans ſon *Mercure hiſtorique & politique*. Mais je crains bien, & c'eſt ce qui m'afflige, que votre Relation ne ſoit véritable. J'en trouve la preuve dans la Lettre du Roi très-Chrétien à ſon Archevêque de Paris, que je viens de recevoir par la Poſte de France. Ce Prince y marque que nous avons laiſſé ſur le Champ de Bataille plus de 8000. hommes, & que nos troupes ſe ſont retirées en deſordre. Il ne parle pas des priſonniers, qui ſont en grand nombre ſuivant pluſieurs Relations ; & depuis peu de jours les Lettres particulieres de notre Armée en Flandres, ont mis toute notre Capitale en pleurs. J'y regrette moi-même mon ami le Général Campbell, qui eſt mort de ſes bleſſures. Que *Sekendorf* ne s'eſt-il trouvé à cette armée des François ! Comme il aime beaucoup plus l'argent que l'honneur , dix mille pieces , & même bien moins lui auroient fait trahir & mettre en desordre l'Armée de France (1). Il nous auroit aussi utilement servi qu'il a fait le Prince Charles au passage du Rhin dans la basse Alsace , & au retour de la basse Alsace au-delà du Rhin.

Je suis , Milord , comme un désesperé en lisant la Lettre du Roi de France , à peine puis-je en soutenir la vue , je vous l'envoie avec votre Relation ; elle m'afflige trop pour la conserver parmi mes papiers. C'est avec le plus extreme chagrin que je remarque cette

(1) L'on vient de m'assurer que l'on avoit averti les Ministres du Roi de France des trahisons anciennes & modernes du Général Seckendorff. Mais apparemment que par égard pour l'Empereur , ils n'ont pas cru devoir agir contre cet indigne mercenaire.

ſage modeſtie d'un Prince victorieux, qui donne néanmoins à un étranger, c'eſt-à-dire au Maréchal Comte de Saxe, tout l'honneur de la victoire. Nous ſçavons cependant combien ce Roi s'eſt expoſé, & que lui-même a ranimé ſes troupes, qui fléchiſſoient & les a fait retourner au combat. Je viens d'apprendre d'un Jacobite que ce Prince paſſant l'Eſcaut, pour ſe rendre à ſon Armée, dit au *Duc de Noailles*, qui l'accompagnoit; *Allons, Monſieur le Maréchal, allons ſervir d'Aides de Camp à Monſieur le Maréchal de Saxe.* Je ne puis vous exprimer le chagrin que je reſſens de ne pouvoir trouver des défauts dans le Roi Tres-Chrétien. Faut il qu'un Anglois ſoit forcé de l'eſtimer? On aſſure qu'il n'a pû s'empêcher d'admirer le courage de notre Nation.

Cela ne m'étonne pas, & je serois surpris qu'équitable comme il est il ne l'eût pas fait. Il sçait aussi rendre justice au Duc de Cumberland, de marquer dans sa Lettre l'activité de ce jeune Héros dans la disposition de son Armée. Il a même ordonné (2) que l'on prit des Anglois blessés le même soin que des François. Voilà, Milord, ce que n'auroit pas fait la Reine d'Hongrie.

Le caractere dur, cruel, intraitable de cette Princesse a réduit le Roi de France à la fâcheuse nécessité de lui déclarer la Guerre & de se mettre à la tête de ses Armées. Elle lui a fait prendre le

(2) J'ai sçu depuis peu de jours que le Duc de Cumberland ayant envoyé un Officier, pour prier le Roi de France de vouloir bien faire soigner les Anglois blessés, ce Roi répondit qu'il en avoit déja donné l'ordre.

goût des conquêtes : il s'eſt accoutumé à ſortir de Verſailles ; c'eſt ce qu'il y avoit à craindre pour le reſte de l'Europe. Croyez, qu'avec la grandeur d'ame qui paroît en lui, il trouvera autant d'Alliés qu'il y aura de Princes admirateurs de ſes Vertus. Et par malheur il ſemble qu'il veuille élever le Dauphin ſon fils, dans le même goût. Nous devons, Milord, nous précautioner contre ce torrent ; il faut lui oppoſer une digue. C'eſt ce qui ne ſe peut faire que par l'élection d'un Empereur aſſez autoriſé dans l'Empire pour pouvoir tenir cette juſte balance, plutôt dans le corps Germanique que dans l'Europe. Dès que l'Allemagne ſera jointe à la Grande Bretagne, elle deviendra invincible ; dès qu'elle ſera bien unie ſous un Chef qu'elle eſtimera, ſous un Chef auſſi courageux que bien-faiſant, & qui cherchera moins ſes intérêts propres, que ceux de tout l'Empire, ne doutez pas que toute l'Europe ne ſoit tranquille : contez qu'elle jouira de la paix deſirée par toutes les Puiſſances.

Je viens donc, Milord, à ce que vous exigez de moi. Vous me demandez mon ſentiment ſur le mérite des Sujets éligibles pour le Trône Impérial. Je le veux puiſque vous le ſouhaitez : ſans quoi je bornerois ici ma lettre, & me tiendrois dans le ſilence à ce ſujet : nous avons parmi nous aſſez d'autres affaires auſſi importantes, qui ne donnent que trop de matiere à nos réflexions & à nos entretiens.

Vous ſçavez que depuis longtems l'on s'eſt mis dans l'uſage de ne choiſir pour cette Couronne qu'un Prince de l'Empire. Mais il faut avouer qu'il y en a beaucoup plus qui la méritent, qu'il n'y en a qui ſoient en état d'en ſoutenir le poids avec la dignité convenable. Les Gens d'Egliſe que l'on a vûs quelquefois décorés du Sceptre (3) Royal, ſont exclus du Trône Impérial. Ainſi les trois Electeurs Ecléſiaſtiques, qui ont voix active,

(3) Pour peu que l'on ſoit verſé dans l'Hiſtoire, on voit un exemple ſingulier parmi les Polonois, qui demanderent pour Roi *Caſimir I.* qui de Moine profès de Cluny, monta en 1041. ſur le trône de Pologne, quoiqu'électif en quelque ſorte. On ſçait qu'après la défaite & la mort de Dom Sébaſtien Roi de Portugal, en 1578, le Cardinal *Henri*, quoique Prêtre de la Communion Romaine, fut reconnu Roi de Portugal, & regna deux ans. Le Cardinal *Charles de Bourbon* ne fut-il pas reconnu & proclamé Roi de France, par les plus zélés Catholiques Romains de ce Royaume? Et j'ai de ſes monnoyes ſous le nom de Charles X. Et nous-mêmes, n'avons-nous pas été à la veille au milieu du XVI ſiécle, de voir notre Couronne ſur la tête du Cardinal *Polus*. Preuve que les Catholiques Romains ne croient pas le Sceptre royal incompatible avec leur Sacerdoce.

ne sçauroient l'avoir passive ; c'est-à-dire, qu'ils ont droit d'élire, mais qu'ils ne peuvent être élûs. Je crois cependant que Rome ne seroit point fâchée de voir cette Couronne sur la tête d'un Prêtre, ou d'un de ses Evêques ; ce seroit un prétexte au Pape pour y aspirer lui-même, & obtenir par là les deux premieres dignités qui soient reconnues parmi les Catholiques Romains. Alors le Pape pourroit dire avec plus de vérité que ne fit jadis un Pontife Romain *Ego sum Cæsar & Pontifex.*

Il est fâcheux que le peu d'étendue des états de l'Electeur *Palatin*, ne lui permette pas de prétendre à la Couronne Impériale. Pour l'Electeur de *Baviere*, c'est un enfant, qui est encore à la bavette; & dans les conjonctures présentes il faut sur le Trône Impé-

rial

rial un Prince qui soit majeur, & cet Electeur ne le sera vraisemblablement qu'à soixante ans. *Le Grand Duc de Florence* est précisément l'antipode des Rois de Pologne, de Prusse, & de Sardaigne; ainsi le caractere de ces trois Rois décide de celui de ce Prince; ils font avec lui un parfait contraste; il sert d'ombre pour mieux faire sortir les couleurs des tableaux de ces trois illustres Rois. Si par malheur pour l'Empire, il montoit sur cet Auguste Trône, la *Reine d'Hongrie* seroit Empereur, & le Grand Duc Impératrice : ainsi division cruelle qui se perpétueroit dans l'Empire. Cet Empereur femelle voudroit se vanger de tous ceux, qui ne lui auroient pas servilement & lâchement obei, ou qui n'auroient point adopté ses fantaisies & ses caprices. d'un autre côté, Guerre perpétuelle avec la plûpart des Etats voisins. Elle y a pris goût, parce-qu'il ne lui en coute rien. Elle a le plaisir de nous ruiner de gayeté de cœur. Vous verriez renouveller sous son regne ces entreprises téméraires, par lesquelles la maison d'Autriche a mis tant de fois l'Empire à deux doigts de sa perte.

Et pour vous faire sentir ce que j'avance, j'irai, Milord, en rétrogradant d'une génération à l'autre. La Reine d'Hongrie est fille de l'Empereur Charles VI. qui a commis pour cette Princesse, des injustices qui ne seroient point tolérées entre particuliers. Il lui laisse des biens, qui ne sont point à lui, & dont il n'étoit qu'usufruitier. Il promet aux Ragotzki, dont l'Héritier manque aujourd'hui du nécessaire, de leur donner quelques Principautés en Allemagne; l'a-t-il exécuté ? Les Catalans se sacrifient pour lui; ne les a-t-il point abandonnés à toute l'animosité & la vengeance du Roi d'Espagne, sans même faire la moindre démarche en leur faveur ? Il flatte les Hollandois nos facteurs de la suppression de la Compagnie d'Ostende, en conformité du Traité de Munster; leur a-t-il tenu parole ? Elle-même l'a-t-elle fait depuis plus de quatre ans (4) qu'ils s'en plaignent? Ils méritent à la vérité peu d'attention. Charles traite avec le Roi de France, qui le croit sincere & au moment fatal de sa mort, il s'engage dans un Traité contre ce Prince. L'Empereur cependant avoit quelque douceur, & des principes d'humanité. Il étoit dévot & re-

(4) On peut voir sur ces plaintes les Pieces & Négociations secretes, imprimées à Londres, l'année derniere 1744.

ligieux ; mais à l'Autrichiene ; c'est ainsi qu'il faut l'entendre. Tel étoit le pere, & telle est la fille.

Joseph frere aîné & prédécesseur de Charles avoit du génie, il ne manquoit pas de générosité. Il estimoit les Etrangers, en qui il voyoit briller des talens utiles ; mais il étoit fougueux & impétueux. Souvent il se possédoit si peu lui même, qu'il ne faisoit pas la moindre difficulté de sacrifier la vie (5) des hommes sur la plus légere fantaisie qui lui montoit à la tête. C'est le vice qu'en a retenu la Reine d'Hongrie. Elle a même adopté sa fureur contre la Maison

(5) On sçait la fatale avanture d'un Page, qui ayant amené à ce Prince un cheval, qui avoit un étrié plus long que l'autre, Joseph n'en fit pas à deux fois, & sans discours ni rêprimande, il prend un de ses pistolets, le tire sur le Page, & le tue. C'est ce que j'ai appris dans mon voyage de Vienne.

de Baviere. Joseph pense à mettre au Ban de l'Empire l'Electeur Maximilien Emmanuel, à qui la Maison d'Autriche a de si grandes obligations; & il le fait contre les loix de l'Empire. L'Empereur Leopold auroit eu honte même d'y penser. Il sçavoit que cet Electeur avoit sacrifié pour la Reine de Hongrie, trente-deux millions de florins du Rhin, que son pere Ferdinand Marie, à force de neutralité, avoit eu beaucoup de peine à rassembler dans son trésor.

Leopold, ayeul de la Reine d'Hongrie auroit été un sage & vertueux particulier; mais il eut le malheur de monter sur le trône, & sa vertu en souffrit. Cependant, il faisoit volontiers le mal que d'in-

(5) Sur les sommes dépensées pour le service de la Maison d'Autriche, voyez le Manifeste de l'Electeur Maximilien Emmanuel. in-8° pag. 40.

fideles Miniſtres lui ſuggéroient pour ſoutenir ſon averſion contre les François, dont il détéſtoit même juſqu'à la langue. Il n'avoit pas la force de réprimer leur impétuoſité; au lieu que la Reine d'Hongrie fait le mal par inclination, & & par la pente naturelle qui l'y porte. Elle ſe garde bien d'attendre alors la déciſion de ſes Conſeillers: elle a ſoin de les prévenir.

Leopold, tout honnête homme qu'il parut, ne fut-il pas accuſé d'avoir fait empoiſonner ſon petit fils le Prince Electoral de Baviere (7) parce qu'il étoit deſtiné à por-

(7) Voici ce que marque le feu Electeur de Baviere Maximilien Emmanuel, dans ſon Manifeſte, imprimé pluſieurs fois, & notament in-8° à Bruxelles en 1705. *La Paix de Riſwick auroit été longue & durable, ſi le Prince mon fils n'étoit mort 16 mois après qu'elle a été ſignée. L'étoile fatale à tous ceux qui font obſtacle à la grandeur de la Maiſon d'Autriche, emporta ce jeune Prince. Il mourut d'une indiſpoſition très légere, & qui l'avoit attaqué pluſieurs fois, ſans danger, avant qu'il fut*

ter la Couronne d'Espagne, que cet Empereur ambitionnoit pour l'Archiduc Charles, son second fils. Cependant, que d'obligations n'avoit pas Leopold à l'Electeur de Baviere, pere du jeune Prince ? à peine le même Leopold est élû Empereur, qu'il commence par la plus horrible ingratitude pour les trois Electeurs Ecclésiastiques, & les obligea par d'imprudentes menaces, à faire une ligue avec le Roi de France (8) en 1658. Il leur devoit cependant la dignité Impériale, par les sages tempéramens que prirent ces Princes, pour donner lieu à Leopold d'atteindre (9)

destiné à porter la Couronne d'Espagne. Cet endroit toucha vivement Leopold, qui ne pût s'empêcher d'en écrire à l'Electeur, peu de jours après la célebre journée d'Hochstet.

(8) Voyez les additions au Manifeste de Baviere in-8°. 1705. p. 128.

(9) Leopold n'avoit pas encore 18 ans accomplis, qui est l'âge requis par la Bulle d'or.

l'âge requis par la Bulle d'Or. Telle est & telle sera l'impétueuse Reine d'Hongrie, si son mari parvient au Trône de l'Empire.

Enfin, les Histoires d'Allemagne sont remplies des mauvais traitemens, des infidélités, disons même des excès & des horreurs ausquelles se sont livrés Ferdinand II. & III. à l'égard des Electeurs (10) & des Princes qui les avoient le plus favorisés. Ne vous en étonnez pas, c'est le caractere qui distingue la Maison d'Autriche des autres puissances de l'Europe. Je pourrois remonter à Ferdinand I. à son frere Charlequint, à Maxi-

(10) Voyez Hippolitus à Lapide, ou Joachin-Transée *De Statu Imperii Romano-Germanici*, in-4°. & in-12. & le Manifeste de Baviere, avec les additions qu'y a Jointes le Baron Frideric Karg, Grand Chancelier, & premier Ministre d'Etat du feu Electeur de Cologne, Joseph Clement de Baviere.

milien I. leur ayeul, & j'en rapporterois des traits également éclattans & injurieux à l'humanité. Cette Maiſon eſt la vipere qui déchire le ſein qui l'a porté. Elle tient cet horrible vice de ſon Chef Rodolphe d'Habſbourg, qui de Domeſtique d'Ottocare (11) Roi de Boheme, devint ſon plus cruel ennemi, dès que Rodolphe fut monté en 1273. ſur le Trône Impérial.

Les tems de libertés, ſi deſirés par les Princes Allemands, ſont enfin arrivés : ces Princes ſont trop prudens pour rentrer dans l'eſclavage dont ils ſe voyent ſi heureuſement délivrés. L'Hiſtoire d'Allemagne vous a fait connoître, Mylord, les décrets ſi ſages du Corps

(11) Voyez à ce ſujet Eneas Sylvius (c'eſt-à-dire le Pape Pie II.) *in Hiſtoria Bohemica*, où il parle très-mal de l'ingratitude de Rodolphe d'Habſbourg, Chef de la maiſon d'Autriche, à l'égard du Roi de Boheme Ottocare.

Germanique. A peine la Maison d'Autriche, toujours entreprenante, toujours ambitieuse, fut montée sur le trône Impérial, qu'elle suscita des Guerres intestines pour se conserver cette Couronne. Les anciens Princes de cette Nation, du moins aussi généreux que ceux qui gouvernent aujourd'hui, ne prévoyoient que trop ce qui devoit arriver dans la suite. C'est ce qui les porta à publier sous Louis de Baviere une Loi *qui défendoit d'élever à l'avenir à la dignité Impériale aucun Prince de la Maison d'Autriche*; Loi qui fut renouvellée sous l'Empereur Charles IV. en 1362. & l'original de cette derniere se garde aujourd'hui précieusement à Nuremberg, célebre ville Impériale. Ce reglement si sage fut religieusement observé pendant cent années, depuis 1337

Juſqu'en 1438. Mais la fatalité de l'Empire, voulut que Sigiſmond, dernier Empereur de la Maiſon de Luxembourg, Prince vertueux & moderé, eut la foibleſſe de recommander aux Etats de l'Empire Albert d'Autriche ſon gendre, pour le placer ſur le trône Impérial. Il y monta donc en 1438. & depuis ce tems la Maiſon d'Autriche s'y eſt maintenuë, & y a commis tous les excès qu'elle a pû imaginer pour affoiblir, pour ſubjuguer, pour anéantir même l'illuſtre République, qui a eu le malheur de les avoir pour Chef.

La Nobleſſe de Pologne toujours prudente, toujours attentive ſur ſa liberté, & ſur le choix des ſujets qu'elle met à la tête de ſon Gouvernement, s'eſt comportée plus ſagement, & l'on aſſure, que par une loi qu'on ne ſçauroit trop louer

& qu'elle a beaucoup mieux exécutée que le Corps Germanique ; *Elle a déclaré infame toute personne de la Nation qui oseroit proposer un Prince de la Maison d'Autriche, ou lui donner sa voix pour être Roi.* Et jamais les Polonois n'ont hazardé de prendre un Chef dans cette Maison ; quelques-uns néanmoins y ont prétendu même en 1573. mais ils ont été unanimement rejettés. La servitude où l'Allemagne s'est presque vû réduite, les a confirmés dans la sage résolution, qu'ils ont prise contre ces Princes.

Manifeste de Baviere, p. 110.

L'Empire Romano-Germanique rendu présentement à lui-même, auroit-il assez peu de courage pour mettre à leur tête une Princesse reste de la Maison d'Autriche, qui ne se distingue que par des cruautés, & des inhumanités inouies entre les Princes Chrétiens, au lieu qu'on ne sçauroit s'empêcher de louer & d'admirer la douceur de la Nation Britannique à l'égard des François, qui se sont d'eux-mêmes déclarés nos ennemis. Messieurs de Belle-isle en fournissent une preuve. Ils sont aujourd'hui chez nous, regardés comme nos prisonniers par les loix de la Guerre ; & nous les traitons en amis. Ils ont trop d'équité pour se plaindre de la maniere polie, avec laquelle nous en usons à leur égard. Nous sçavons vaincre & atterrer, nous sçavons même humilier des ennemis armés, qui prétendent follement nous résister ; mais dès qu'ils ont posé les armes, nous cherchons à dissiper leurs chagrins, nous avons soin de leur faire oublier leurs peines, nous les aimons quand ils se rendent aimables, nous les considérons quand leurs talens

& leur mérite demandent notre considération : nous ne faisons rien sans une juste raison. Ce n'est pas ce que fait la Reine d'Hongrie, l'homme desarmé, blessé, malade, mourant même, qui demande, qui implore par sa triste situation le secours de l'Humanité, tout lui est également odieux ; tout est pour elle aussi ennemi que celui qui tient encore les armes à la main. Est-il rien de si opposé aux droits que la nature inspire ? Il est gravé dans le cœur de l'homme de compatir au malheureux & à celui qui souffre, ou qui est dans la peine.

Sur tout ce que je viens de vous détailler, Milord, prévoyez vous-même ce qui arriveroit à l'Empire, sous ce phantôme de la Maison d'Autriche, qui renaît avec plus d'aîgreur & d'emportement qu'elle n'en avoit sous les regnes précedens. Tirez-en les conséquences les plus naturelles. La Reine de Hongrie a rassemblé en elle toutes les duretés, les injustices, les ingratitudes, dont je ne vous ai fait qu'un leger crayon ; ainsi, le plus sûr, & pour nous & pour l'Empire est d'exclure cette Reine du trône Impérial. Il y a trop à risquer pour nous, & trop peu à espérer. Et si cette Princesse avoit la témérité de s'en plaindre, il seroit facile de lui fermer la bouche, en lui marquant que l'Empire n'étant point héréditaire, il est juste de le faire circuler sur la tête des différens Princes, & que quand cette couronne aura été dans chacune des grandes Maisons de l'Empire, aussi longtems qu'elle a été dans la Maison d'Autriche, alors on verra ce qui conviendra le mieux pour le bien & la félicité de l'Allemagne.

Ne croyez pas, Milord, que je parle ici par aucun principe d'animosité; j'aime le courage partout où je le trouve, & si j'avois à être prévenu ce seroit en faveur de celui de la Reine d'Hongrie, j'aurois tout lieu, comme notre illustre aliée, de plaider pour elle dans les Assemblées du Parlement. Je l'ai vue jeune à la Cour de Vienne, & lui ai présenté mes respects. J'ai été très-favorablement reçu à la Cour de l'Empereur son pere. Je ne lui dispute, ni ses titres, ni ses Principautés. Comme elle n'a aucune autorité sur ma personne, ni sur mes biens, je n'ai pas lieu de la craindre, je cherche au contraire les moyens de la pouvoir estimer; mais je n'en puis venir à bout. Je respecte, j'aime si l'on veut sa personne, & si j'étois à Vienne, je lui ferois volontiers ma Cour comme

me

me beaucoup d'autres, & je me flatte que sans faire des bassesses, dont une ame Angloise n'est point capable, je m'en ferois considérer. Mais je hai son caractere contraire aux droits de l'humanité: Je suis révolté contre ses injustices: Je ne puis souffrîr le génie double & trompeur d'une Princesse, qui ne veut tenir aucune parole, qui ne reconnoît point la foi des Traités, qui dénie le soir ce qu'elle vient d'accorder le matin. C'est contre ses défauts, & non contre sa personne, que je me récrie dans les Assemblées du Parlement. J'ai l'honneur d'être l'un des Pairs de la Grande-Bretagne, & je maintiendrai jusqu'à la mort l'honneur de la Nation Britannique; mais ce sera toujours par des voyes justes & légitimes; telles même que je pourrois les avouer devant toute l'Europe aſſemblée. C'eſt ſur ce ton, vous ne l'ignorez pas, que je ſuis connu dans ma chere Patrie, pour la liberté de laquelle mes Ancêtres ont ſouffert, & pour laquelle je ferai gloire de me ſacrifier moi-même.

Je continue, Milord, à vous déclarer ma penſée ſur les ſujets éligibles; le *Roy de Suede*, chef de la Maiſon de Heſſe, & le Duc de *Wirtemberg*, ne ſont point par eux-mêmes aſſez grands terriens pour ſoutenir avec dignité tout le poids de la Couronne Impériale. Le Duc d'*Hanovre*, notre Roy, épuiſeroit nos finances, qui ſont déja dans un grand deſordre; il nous ruineroit entierement, il feroit jouer tant de reſſorts, qu'il trouveroit moyen de faire paſſer tout notre or dans ſon Electorat, dont il aime les ſujets beaucoup plus qu'il ne nous considere, il nous regarde comme un pays de conquête, qu'il est bon de tourmenter, d'épuiser, d'affoiblir, pour en être maître plus facilement. Il ne s'imagine point avoir assés d'autorité sur nous. Mais il doit sçavoir que le Corps de la Nation n'a pas moins de pouvoir que lui, & qu'il ne peut rien que par nous. Nous sommes des membres fideles de l'état, & nous ne sommes pas les vils esclaves d'un Roi, tel qu'il puisse être. Ce que son pere & lui ont transporté d'or & d'argent hors de l'Angleterre, vous doit faire juger de ce qu'il en feroit sortir, s'il montoit sur le Trône Impérial.

Je viens donc aux seuls membres, que je crois capables d'être mis à la tête de l'Empire. Le *Roi de Pologne* devroit y avoir beaucoup de part. J'ai connu ce Prince dans mes voyages, ainsi, longtems avant qu'il fut Roi de Pologne; j'ai toujours remarqué en lui un caractere liant & sociable, une imagination reglée, un esprit raisonable. Né vertueux, il a de la douceur dans les mœurs, il est rempli des sentimens d'humanité qui conviennent au Trône. Son application à gouverner ses Etats héréditaires, avec autant de prudence que ceux qu'il a obtenus par le choix de la Noblesse Polonoise, le rend digne de l'Empire, qu'il conduiroit en pere, & non en maitre; il chercheroit à se distinguer cette sage & louable modération, que l'on a toujours remarquée dans les Princes de son nom, & que jamais l'on n'a trouvée dans ceux de la Maison d'Autriche. On ne pourroit s'empêcher de l'aimer. Mais je craindrois fort que n'ayant point paru à la tête des Armées, il ne manqua de cette fermeté nécessaire dans le Gouvernement de l'illustre République, dont il est un des principaux membres, & qu'il fut peut-être moins en état de se faire respecter d'une nation aussi belliqueuse que celle de l'Empire d'Allemagne. *Charles VI.* dernier Empereur de la Maison d'Autriche a donné en Espagne des marques de son courage. *Joseph* son frere & son prédécesseur s'est présenté de bonne grace dans les occasions, où il s'est trouvé : & c'est ce qu'il faut à l'Empire. Car, ne vous imaginez pas que l'Empereur soit le maître du Corps Germanique : il n'en est que le premier membre ; membre même que l'on peut retrancher impunément, dès qu'il manque aux Loix de l'Empire & à la Capitulation, c'est-à-dire, aux articles du

Contract qu'il a fait avec les Electeurs. Il est proprement général des troupes de l'Empire, & représente assez bien ce que les Romains nommoient *Imperator*. Aussi comme Empereur, il n'a aucun territoire en propre. Il est soudoyé par tous les Etats pour les conduire à la Guerre, & il a comme Chef beaucoup moins de pouvoir dans l'Empire, que chaque Electeur ou Prince en a dans ses propres Etats.

Mais peut-être trouverions nous mieux notre compte dans l'élection du *Roy de Prusse*. C'est un Prince puissant, dont la Communion s'accorde en tout avec la nôtre. Il a des lumieres acquises plus même qu'il ne s'en trouve ordinairement sur le Trône. La disgrace où il a été quelque tems auprès du Roi son pere, n'a fait qu'augmenter sa prudence naturelle. Informé mieux qu'aucun autre des véritables intérêts de l'Empire & de l'Europe ; il aime la patrie, & sçait s'en faire sagement respecter. Il agit moins pour lui-même que pour les autres. la gloire est son objet, & il n'a d'autre but que l'avantage des Princes ses Compatriotes, & des peuples qui leur sont soumis. Ses Troupes toujours bien entretenues sont exactement disciplinées. Il peut même par ses richesses, & l'etendue de ses Etats les augmenter facilement & les soutenir par lui même, & loin d'être à charge aux Puissances maritimes, il pourroit les aider & les secourir. L'Electeur notre Roi pourroit-il raisonnablement refuser de s'attacher un aussi grand Prince, que nous connoissons moins impérieux, & plus liant que la pétulante Reine d'Hongrie. Il gouverneroit avec autant de sagesse que de dignité. Il travaille utilement dans les Conſeils, dont il eſt l'ame ; comme il ſe conduit glorieuſement à la tête des Armées dont il eſt ſeul le mobile. Ses Miniſtres & ſes Généraux exactement ſubordonnés à ſes vûes, ne ſont ni ſi avides, ni ſi alterès que ceux de cette Reine, que l'on ne ſçauroit aſſouvir. Sa maiſon eſt puiſſamment établie dans toute l'Allemagne, & fera gloire de joindre ſes forces à celles de ce grand Prince. Elle n'y eſt pas même expoſée à la jalouſie que l'on a juſtement conçue contre la Maiſon d'Autriche ; jalouſie qui continue encore aujourd'hui avec raiſon contre le fantôme qui nous en reſte. Les forces de la Nation Britannique, réunies à celles de ce puiſſant Monarque, en feront un très-puiſſant Empereur, qui maintiendroit avec une ſage modération l'équilibre, non-ſeulement dans le Corps Germanique, mais même dans le reſte de l'Europe, à laquelle il peut ſeul avec notre ſecours, rendre ſa premiere tranquillité.

Je ſçai, Milord, ce que diront les Catholiques Romains; que le Roi de Pruſſe n'étant pas de leur Communion, il ne ſçauroit monter ſur le trône Impérial. Mais où ont-ils puiſé cette maxime, ſinon dans l'Evangile de Rome, qui veut dominer dans tout l'Univers, ſoit par elle-même, ſoit par ſes émiſſaires? Les trois Religions, la Réformée, la Proteſtante & la Catholique Romaine, ne ſont-elles également admiſes dans l'Allemagne par les Traités de Weſtphalie & Riſwick. L'Electeur Palatin, autrefois Catholique, a-t-il perdu ſon Electorat, lorſqu'il embraſſa la Réforme au XVI. Siécle, ou lorſque ſur la fin du XVII. la branche Catholique a ſuccedé à un Prince Réformé. Les deux derniers Rois de Pologne n'ont ils pas conſervé leur Electorat après avoir embraſſé la Communion de Rome, quoique depuis deux cens ans leurs Ancêtres fuſſent de la Communion Proteſtante ? La Bulle d'or n'y eſt pas contraire. Il eſt vrai qu'elle fut dreſſée avant la Réforme. Et pourquoi ne pas renouveller le plan qu'avoit formé le feu Roi de Suede Charles XII. d'introduire dans l'Empire l'alternative d'un Empereur Proteſtant & d'un Catholique? On l'a bien fait pour l'Evêché d'Oſnabrug : y a-t-il moins d'inconvenien pour l'un que pour l'autre ? La Grande Bretagne eſt ſeule capable de former ce projet ſi utile & ſi raiſonnable. Par là nous ferions connoître que nous ſommes tous

Chrétiens, & qu'il ne faut point admettre ces diſtinctions arbitraires d'une Communion à l'autre, diſtinctions uniquement introduites par l'eſprit de domination & de partialité. C'eſt à quoi nous devons tendre pour le bien de l'Allemagne & de toute l'Europe.

Enfin, Milord, je trouve encore un autre Prince, qui mérite de monter ſur le Trône Impérial; c'eſt le *Roy de Sardaigne*. Les Catholiques Romains n'auroient rien à lui oppoſer. Outre ſa Religion, qui eſt la même que celle de Rome, on ſçait que ſon courage eſt comparable à celui des anciens Héros, & par là il eſt digne des plus grands éloges. Il eſt général à la tête d'une Armée, Miniſtre habile cans les Conſeils, grand politique dans la conduite d'une négociation; généreux pour les Etrangers, affable dans ſon domeſtique ; facile pour ſes inférieurs, compatiſſant pour les malheureux : mais juſte & ſévere contre les gens inquiets & indociles ; inflexible pour les orgueilleux il demande une ſage & raiſonnable obéiſſance de ſes Sujets ; mais il eſt ennemi d'une lâche & baſſe ſervitude. Pere & protecteur d'un peuple qu'il aime, & dont il eſt aimé, il eſt l'admiration de toute l'Europe ; enfin, pour le peindre en deux mots, c'eſt un véritable Roi. Il honore le Trône, & s'eſt rendu digne d'être un grand Empereur. fortifions notre alliance par celle d'un Prince auſſi eſtimable. Et ſi l'abſence actuelle de notre Roi nous empêche de lui préſenter une Addreſſe, pour l'engager à donner ſon ſuffrage au Roi de Sardaigne, pour l'élever à la dignité impériale, cherchons du moins à l'y déterminer par nos ſollicitations parculieres.

On ne ſçauroit dire que n'étant pas né dans l'Allemagne, il lui manque une des qualités que l'on prétend aujourd'hui néceſſaire pour arriver à cette auguſte dignité. Ne ſçait-on pas, qu'avant & après la Bulle d'or les Electeurs ont appellés à l'Empire des Princes Etrangers. Tels furent Richard d'Angleterre, Alphonſe X. Roi de Caſtille au XIII. ſiécle. Il eſt vrai que ni l'un ni l'autre ne ſe ſouciât point d'aller prendre poſſeſſion de ce Trône, mais tous deux ne laiſſerent pas d'y être appellés. L'Empire fut offert à Philippe le Bon, Duc de Bourgogne, étranger à l'Empire. Et François I. Roi de France, n'eut-il pas quelques voix, ſans que les Electeurs lui oppoſaſſent ſa qualité d'étranger. Charles-Quint étoit né à Gand, Capitale du Comté de Flandres, Fief de la Couronne de France, comme Ferdinand I. tige de la branche d'Autriche Allemande, nâquit lui-même à Medina en Espagne & y fut élevé. Ainsi ce seroit un vain prétexte pour en exclure un aussi grand Prince, capable de porter dignement cette Couronne.

Mais ignore-t'on que la Maison de Savoye se dit une branche de l'ancienne Maison de Saxe, & par conséquent d'origine Allemande ; & le Roi de Sardaigne, comme Vicaire de l'Empire en Italie, n'est-il pas membre de cet illustre Corps, comme les Electeurs de Saxe, de Baviere & Palatin le sont en Allemagne, chacun dans son district ?

Ignore-t'on qu'Amé ou Amedée III. de Savoye fut fait Comte de l'Empire par l'Empereur Henry IV. au commencement du XII. siécle ? L'Empereur Fréderic II. créa Thomas I. Comte de Savoye, Vicaire de l'Empire au commencement du XIII siécle, plus de cent ans avant la Bulle d'or. Amedée V. fut créé Prince de l'Empire, lui & ses Successeurs en 1310. par l'Empereur Henri VII. & le même Vicariat de l'Empire en Italie fut confirmé l'an 1531. par l'Empereur Charles-Quint; en faveur de la Maison de Savoye, ainsi près de 200 ans après la Bulle d'or. Pourroit-on après tant de titres regarder le Roi de Sardaigne comme étranger dans l'Empire, lui qui en possede une des plus augustes dignités ?

Ce que je dis ici au sujet du Roî de Sardaigne n'est pas sans exemple , puiſque Charles Emmanuel Duc de Savoye ſe mit en 1619. au rang des Candidats aſpirans à l'Empire , après la mort de l'Empereur Matthias. Mais la brigue de Ferdinand II. couſin de Matthias , l'emporta ſur ſes Compétiteurs. Je puis vous aſſurer que ſi j'avois l'honneur d'être du nombre des Electeurs , je lui donnerois volontiers ma voix ; je ſolliciterois même en ſa faveur ; j'ajouterois ſeulement une condition dans ſa capitulation , qui ſeroit de demeurer au moins trois mois dans une Ville Imperiale , telle qu'Augſbourg , Ratiſbonne ou quelque autre à portée des Etats de ce Prince.

Il ne vous eſt pas difficile , Mylord , de voir quel eſt mon ſentiment ſur l'élection prochaine ; d'abord point de Marie - Thereſe

Walpurge

Walpurge pour Empereur, point de François-Etienne de Lorraine pour Impératrice ; mais ou le Roi de Prusse, ou le Roi de Sardaigne : telle est ma pensée ; marquez-moi, je vous prie, la vôtre ; peut-être que de nos deux sentimens réunis, pourroit-il en naître un troisiéme très-utile à la Patrie, dont vous êtes un des principaux Membre ; & pour le bien de laquelle vous n'êtes pas moins zelé que moi. Je suis avec respect, &c.

De Londres, ce. Juillet 1745.

SECONDE LETTRE.

IL faut avouer, Mylord, que nous nous sommes étrangement abusés. Notre animosité contre la France & contre les François nous conduit insensiblement à nôtre perte. Nos papiers & nos gazettes ont beau nous flatter, nous sommes arrivés au période de notre fortune, nous ne ferons plus dorénavant que décheoir de notre ancienne grandeur. Nous cherchons à détruire une Puissance, que tous les efforts de l'Europe n'ont pû affoiblir depuis plus de deux siécles. Loin de l'abbattre, nous avons vû avec le plus extrême chagrin qu'Elle a étendu les limites de ses Etats, augmenté aux dépens de ſes Voiſins, le nombre de ſes Provinces: une bataille perdue a été récompenſée chez Elle par trois ou quatre victoires, & par la priſe de pluſieurs Villes. L'Artois, la Flandres, le Haynaut, l'Alſace, la Franche Comté conquiſe, l'Eſpagne même ſoumiſe à la Maiſon de Bourbon: ce ſont là des effets de l'aſcendant, que Louis XIV. avoit ſur tous ſes ennemis; & notre Heros, le Roi Guillaume, étoit ſi frappé de cet aſcendant, que livrer une bataille aux François & la perdre, étoit pour lui la même choſe. Etoit-il battu, il falloit que l'Electeur Maximilien-Emmanuel de Baviere, le conſolât & le rappellât même à la vie. C'eſt ce que j'ai appris de ce grand Prince, c'eſt-à dire, de l'Electeur.

Le Roi Louis XV. va malheureuſement pour nous ſur les mêmes traces que ſon Biſayeul ; il vient de commander à une Bataille, ce que n'avoit jamais fait Louis XIV. Malgré ſon caractere généreux & déſintéreſſé, il a dans la derniere guerre acquis la Lorraine, après laquelle ſes Prédéceſſeurs couroient depuis plus de 800 ans. Et pour comble de malheur il a réuni depuis peu de jours la derniére des Villes de barriere, que le feu Roi Louis XIV. avoit ſacrifié pour le bien de la paix & pour conſerver la Couronne d'Eſpagne ſur la tête de ſon petit-fils. Accordez, Mylord, accordez donc qu'il eſt impoſſible d'abbattre cette Puiſſance, tant que l'on y verra ſubſiſter cet accord mutuel entre le Roi & le peuple François ; accord que l'on ne trouve en aucune autre Nation. Vous ſçavez combien nous ſommes diviſés parmi nous ; les Wighs toujours inquiets, & les prudens Toris, les pacifiques Anglicans & les indociles Preſbyteriens, les Royaliſtes Hanovriens, & les Stuarto-Jacobites, ſans parler des Catholiques Romains d'Irlande ; ce ſont là autant de partis qui nous déchirent beaucoup plus, que nous ne cherchons à déchirer les François. Les intérêts différens qui partagent aujourd'hui l'Empire d'Allemagne, y forment autant de factions, qu'il y a de Princes & de principautés. Nos valets les Hollandois ſont-ils plus unis ? Vous ſçavez par des écrits publics à quel point ces Républicains ſont diviſés, je ne dis pas de Province à Province ; mais même de ville à ville ; les plus raiſonnables demandent la paix, & les plus fougueux déterminent à la guerre, moins pour l'intérêt commun que pour leur intérêt particulier ; puisque de quatre-vingt mille hommes que l'Etat des Provinces compte Soudoier, il ne s'en trouve pas cinquante mille effectifs. Où va donc la solde des trente mille hommes restans, sinon dans la bourse de ces impétueux Bourgeois militaires ?

Qu'espérons nous des sommes immenses que nous transportons hors de la patrie ? Nous n'avons pas chez nous 400 millions de florins (1) en espéces monnoyées, & nous en avons déja fait sortir plus de 200 millions, dont nous enrichissons l'Allemagne & les Pays-Bas. Je sçai qu'il n'en est pas moins sorti de la France : mais il y a dans ce Royaume plus de trois

(1) C'est ce q.'on peut voir dans l'Etat de la Grande-Bretagne des dernieres éditions.

milliars de valeur effective (1) Ainsi les François n'ont pas encore envoyé au-dehors la quinziéme partie de leur argent mon-

(1) Des gens bien instruits des affaires de France, m'ont assuré que dans la refonte des Espéces du Royaume de France en 1689, sous le Contrôleur Général Claude Pelletier, il avoit passé dans les différentes Monnoyes de cette Couronne plus de 900 millions; & l'on assure qu'il y a eu un tiers des espéces, qui ne furent point alors réformées; ce qui fait près de 1400. millions: & l'on sçait que dans la Guerre d'Espagne de 1701. il est entré d'Espagne en France autant d'or & d'argent qu'il y en avoit alors dans ce Royaume. Outre cela le systeme des Finances de 1719, & la Compagnie des Indes de France y en a fait venir encore autant du Pays Etranger, c'est-à-dire de la Grande-Bretagne, d'Hollande, d'Allemagne & d'Italie, tant les produits imaginaires de cette Compagnie nous avoient tous séduits. Leur systême des finances, qui a ruiné beaucoup de Particuliers de ce Royaume, n'a fait aucun tort à l'Etat, parce que ce sont d'autres François qui se sont enrichis. Au lieu que tout l'argent que nous y avons envoyé n'en est pas sorti, par l'industrie du ministere de France, qui depuis ce tems-là tient ses espéces une fois plus haut qu'elles ne sont parmi nous.

noyé, dans le tems que nous nous ſommes dépouillés de la moitié du nôtre. La France même a une reſſource qui nous manque ; on y trouve beaucoup plus de vaiſſelle d'argent & de bijoux d'or qu'il n'y a d'eſpéces. Tel particulier n'a pas chez lui cent livres ſterlings qui a pour ſept ou huit cens piéces de vaiſſelle & de bijoux ; & ceci eſt général. Je ne compte pas même l'argenterie de leurs Egliſes, à laquelle il ne leur eſt permis de toucher que pour le ſoulagement des pauvres.

Il s'en faut bien, Mylord, que cela ſoit ainſi parmi nous. Il eſt vrai que nos billets ſuppléent à l'eſpéce qui nous manque. Mais nous envoyons nos matieres aux Etrangers, & le papier nous reſte ; & ce papier eſt une richeſſe purement imaginaire. Il faut pour en ſoutenir le crédit que la valeur effective ſoit proportionée au papier, autrement plus de moyens de faciliter la circulation de nos billets; plus d'eſpérance de nous ſoutenir avec honneur; je crains fort qu'il n'en faille venir à une banqueroute générale.

Si nous avions un Roi Guillaume, il trouveroit moyen, comme il fit après la paix de Ryſvvick, (1) de rétablir nos finances: mais

(1) C'eſt un fait connu de nous tous, qu'après la paix de Ryſwick en 1697. le déſordre étoit ſi grand dans les finances, & les monnoyes de la Grande-Bretagne, que les eſpéces rognées par les Billoneurs, n'avoient plus cours dans le Public, & ſe trouvoient refuſées par les Marchands & les Commerçans. Nous allions tomber dans un malheur plus fatal que celui de la guerre, dont nous étions échappés par la paix. L'incomparable Roi Guillaume, Prince à qui nous devons notre liberté, prit la réſolution de réformer toutes les eſpéces, ſurtout celles d'or plus altérées que les autres. Mais il ne voulut pas que les Particuliers en ſouffriſſent, l'Etat ſeul

il y a long-tems que ces heureux tems sont passés ; & je ne compte pas que ni vous ni moi les voyons revenir ; Ce bonheur est réservé à nos petits neveux. Le Roi suit le même plan que son pere ; il met tous ses soins & toute son industrie à faire sortir nos espéces du Royaume, & ne s'applique point à en faire entrer.

Je sçai que pour nous indemniser de nos folles dépenses, on nous flatte de l'acquisition d'Ostende & de Nieuport. Mais examinez avec moi si l'avantage de ces deux Places peut être comparé avec ce qu'elles nous couteront. Deux cens millions de florins déja sortis du Royaume, sans ce qui doit encore en sortir, doivent au moins

en supporta la perte, qui montoit à plus de trois cens mille livres sterlings. Bel exemple pour nos Voisins.

nous rapporter vingt millions par an ; mais le Territoire de ces deux Villes ne ſçauroit produire annuellement vingt mille livres ſterlings, & il faut en employer au moins cent cinquante mille pour la ſolde des Garniſons, & l'entretien des Fortifications. A la vérité elles nous faciliteront le commerce des Pays-Bas ; mais ne l'avions-nous pas auparavant, & croyons-nous en exclurre les François & les Hollandois, qui ont pour ce commerce plus de facilité que nous, & qui peuvent donner leurs marchandiſes à beaucoup meilleur compte que nous ne ferions. N'eſt-ce pas le comble de l'extravagance, que de mettre en pure perte plus de deux cens millions de florins, qui nous ſont ſi néceſſaires pour ſoutenir notre commerce, qui languit & qui va s'anéantir,

Croyez vous d'ailleurs que nous devions nous flatter de quelque reconnoiſſance de la part de la Reine d'Hongrie, qui dans ſon beſoin nous fait de ſi flateuſes promeſſes ? Ignorez-vous que le caractere de cette Reine eſt entiérement opposé à la droiture & à la bonne foi qui doit régner entre les Souverains ? Elle en a trompé d'autres avant nous, & ſoyez sûr qu'elle ne manquera point de nous faire ſentir un jour tout ce qu'elle eſt intérieurement ; mais il ne ſera plus tems ; & nous n'aurons pour nous que l'inutile & ſterile repentir d'avoir ſervi une ingrate. Quiconque manque, comme cette Reine, aux premiers principes de l'humanité, manque infailliblement à toutes les Loix du droit des gens, & à tous les devoirs de la vie civile.

La Reine d'Hongrie ſe regarde ſeule comme le centre de tous les mouvemens de l'Europe ; Elle s'imagine que tout lui eſt dû ; Elle ne fait attention qu'à ſes intérêts propres, Elle nous ſacrifie pour ſes avantages particuliers ; & nous ſommes aſſez foibles, diſons même, nous ſommes aſſez lâches pour abandonner les nôtres, & pour l'enrichir à nos dépens. Puiſqu'elle ne ménage rien pour perpétuer une guerre qui nous ruine, que ne l'obligeons-nous pour notre bien à faire une paix raiſonnable, & à rendre juſtice aux Puiſſances, qui ont ſur l'héritage de la Maiſon d'Autriche des prétentions appuyées ſur des titres inconteſtables ; de quel droit veut-elle retenir des biens, qui ne lui appartiennent pas.

Quel fond pouvons-nous faire

ſur la Reine d'Hongrie, conſiderez-la comme héritiere non-ſeulement des Domaines ; mais encore plus des vices de la Maiſon d'Autriche, dont je vous ai déja repréſenté quelques-unes des injuſtices.

Je ſçai, Mylord, ce que vous allez répondre : Vous ne ferez que répéter ce que l'on marque ſi ſouvent dans les écrits des hauts Alliés ; qu'il faut un équilibre dans l'Europe, qui puiſſe maintenir la balance égale entre les François & leurs Voiſins, que le Roi de France aſpire à la Monarchie univerſelle, & que la Reine d'Hongrie ſoutenuë par les deux Puiſſances Maritimes, peut ſeule par l'étenduë de ſes Etats, maintenir ce juſte équilibre & s'oppoſer aux vaſtes & ambitieux deſſeins de ce trop puiſſant Monarque; que cette

Reine par ſon ancienne averſion pour les François, nous fournira ces précieux moyens, ſi néceſſaires à la tranquillité de l'Europe.

Ce ſont là, Mylord, de ces contes, dont on amuſe depuis longtems la crédulité des peuples ; c'eſt une vieille chimere rebattuë & uſée pour avoir été trop ſouvent employée depuis pluſieurs ſiécles, tantôt contre l'Empereur Charles-Quint, tantôt contre Philippe II. ſon fils ; enſuite contre Henri IV. & enfin contre Louis XIV. Rois de France. Nous ne ſommes en cela que de miſérables échos de ces Libelles, *l'Europe eſclave ſi l'Angleterre ne rompt ſes fers*, qui parut en 1687. & la *Monarchie univerſelle de Louis XIV.* donnée en 1689. par Gregorio Leti. Ignorez-vous que c'eſt l'objet banal que préſentent nos Souverains pour faire tomber dans leurs piéges ceux, dans la bourſe deſquels ils veulent foüiller avec plus de facilité. Mais pour nous, qui ſommes faits à ce badinage, nous applaudiſſions à la ruſe des Princes, & nous nous mocquons de la foibleſſe des peuples, ſottement crédules à leur préjudice.

Réfléchiſſons, je vous prie, ſur cet équilibre. Quel fond peut-on faire ſur la Reine d'Hongrie. Elle eſt de la Religion Romaine & trop intimement unie avec le Pape, pour que nous puiſſions avoir en elle une entiere confiance. Dès que par notre puiſſant ſecours nous aurons arrangé les intérêts de cette Reine; dès qu'elle ſera ſûre de la tranquille poſſeſſion des Etats, qui lui reſteront pour ſon partage, on lui inſpirera un ſcrupule à la Romaine: on lui fera

connoître

connoître qu'il est honteux à une Princesse de sa communion, & qui porte le glorieux titre de Reine Apostolique (1) de s'être liée avec des Puissances Protestantes, ou pour parler le langage de Rome, d'avoir des Traités avec des hérétiques, auxquels on ne doit garder aucune fidelité. Dès-lors voilà notre union rompuë, il faudra recommencer sur nouveaux frais, & nous nous verrons contraints de chercher quelque Prince aussi puissant, mais plus raisonnable.

Sans nous donner tant de soins, nous l'avons trouvé, ce Prince, qui soutiendra dignement cet équilibre. N'avons-nous pas devant les

(1) Comme le titre de *Roi Très-Chrétien* appartenoit au Roi de France, celui de *Roi Catholique* à la Couronne d'Espagne, celui de *Défenseur de la Foi* aux Rois d'Angleterre; Rome, pour flatter les Rois d'Hongrie, les a qualifiés du nom de *Rois Apostoliques*.

yeux le Roi de Prusse, dont je vous ai déja fait le portrait le plus ressemblant, qu'il m'a été possible, sans flatterie & sans adulation ; car je n'en suis pas connu, & ne cherche point à m'en faire connoître. Ce Prince, quoi qu'éloigné des frontieres de la France par la situation de ses Etats, peut néanmoins s'en rapprocher par notre moyen. Nos trois Puissances réunies détermineront toute l'Europe à se jetter entre nos bras, pour nous opposer aux desseins ambitieux des François.

Mais quel doit être notre objet dans cette guerre ? Est-ce à l'imitation de Dom Guixote, d'aller faire le coup de lance pour cette Princesse, qui n'a pour tout partage que la fierté & la hauteur mal entendue de la Maison d'Autriche. Nous renfermons chez nous deux qualités essentielles. Nous sommes en même-tems une Nation *Belliqueuse & commerçante.* La premiere de ces qualités nous a donné de tous tems la réputation que nous méritons à juste titre : mais pour la soutenir avec dignité, il faut y joindre le commerce, surtout celui de la mer, que nous pratiquons depuis deux cens ans avec plus de succès qu'aucun autre peuple. Notre humeur martiale nous suit par tout où nous portons nos pas ; être Anglois & courageux est la même chose. Nos armées annoncent la victoire par tout où elles se trouvent. Les François ne l'ont que trop senti autrefois ; mais n'abandonnons pas le négoce. Celui de nos Manufactures nous est de quelque utilité ; cependant il est borné ; celui de la mer ne l'est pas. La porte nous est ouverte pour aller dans les deux continens ; & c'eſt là le véritable commerce. Notre ſituation nous oblige de pratiquer & d'aimer la mer ; & l'attention que nous faiſons continuellement ſur les avantages que l'on en peut tirer, nous y fait proſpérer. Les autres Puiſſances ne nous ſuivent que de loin. Il faut pour nous rétablir avec gloire continuer ce commerce avec vivacité.

Nous avons celui de Portugal, qui fait une partie de notre richeſſe : cherchons à regagner celui d'Eſpagne ; il faut mettre tout en œuvre pour rétablir en notre faveur les Traités d'Utrecht & de Seville. Le premier, en nous accordant la Traite des Negres, qui n'eſt pas toujours auſſi avantageuſe qu'on ſe l'imagine, y avoit joint par forme d'indemnité le

Vaiſſeau de permiſſion, ſur lequel nous portions dans la nouvelle Eſpagne les marchandiſes de l'Europe, ſurtout celle de notre propre fond. Nous en avions obtenu un ſecond, par le Traité de Seville. Mais pour ne pas révolter l'Eſpagne, il faut être dans la ſuite plus moderé que nous ne l'avons été depuis 1715. Nos Vaiſſeaux de permiſſion, toujours à l'ancre à douze ou quinze lieuës de la côte de la Nouvelle Eſpagne, n'abordoient preſque jamais, & ſe contentoient de faire filer nuitamment ſur des barques légeres les marchandiſes, dont nous rempliſſions journellement ces Vaiſſeaux par le moyen de la Jamaïque. Ainſi ces Vaiſſeaux étoient un magazin intarriſſable au milieu de la mer. Par cette manœuvre nous trompions facilement la vigilance des gardes-côtes Eſpagnols, qui venoient nous reconnoître. Nous diſions hardiment que nous étions le Vaiſſeau de permiſſion : alors notre Capitaine produiſoit ſes titres, & continuoit ſa contrebande. Vous ſçavez, Mylord, que ces deux Vaiſſeaux rapportoient annuellement à la Grande-Bretagne au moins 40 millions de florins de bénéfice. Ce fond nous manque aujourd'hui, quoique nous en ayons plus beſoin que jamais.

L'abus étoit trop ſenſible, l'Eſpagne s'en offença ; l'on en vint à une rupture, nous bloquâmes Porto-Belo ; notre Flotte reſta inutilement dix-huit mois devant cette Place. Vous ſçavez en quel état revinrent nos Vaiſſeaux, qui étoient entierement criblés par les

Vers à tuyau (1), qui désolent le Golfe du Mexique. On en présenta les tristes débris au Roi, qui fut étonné du ravage de ces insectes. Nous nous réconciliâmes avec la Cour de Madrid, & nous obtînmes un nouvel avantage par le moyen de Mylord Stanhope, qui se rendit en Espagne pour y négocier le Traité de Seville. Un second Vaisseau de permission nous

(1) Ces mêmes Vers se sont depuis communiqués à la Hollande, & y ont faits d'étranges ravages en mangeant & rongeant jusqu'à la racine les bois qui soutiennent les digues de ces Provinces, qui par ce désordre ont souffert des pertes considérables de terrain, qui en a été submergé, & que depuis il n'a pas été possible de dessécher. On fit imprimer alors en Hollande une Dissertation sur ces Vers. Mais ces Républicains, pour cacher l'extrême danger où ils étoient, empêcherent la continuation de ces écrits, & supprimerent même les Requêtes que les Communautés présentoient aux Etats, pour les supplier de chercher un remede à ce funeste accident.

y fut accordé, il eſt vrai qu'il nous en couta trois millions de florins, (1) que nous répandîmes à la Cour d'Eſpagne & même à celle de France; mais c'étoit ſemer bien médiocrement pour moiſſonner avec tant d'abondance.

Je ne puis m'empêcher de vous rapporter à ce ſujet un fait ſingulier que j'ai ſçû du Marquis de Montigo, Ambaſſadeur d'Eſpagne en cette Cour. A peine le Traité de Seville fut conclu, que le Garde des Sceaux Chauvelin reçut un Courrier de l'Ambaſſadeur de

(1) Ce fut avec *Patino* que ce Traité fut négocié. Cet homme, de mauvais Jéſuite qu'il avoit été, devint encore un plus mauvais Miniſtre. Il reçut pour la ſignature de ce Traité 200 mille livres ſterlings. Et les plus ſages Eſpagnols écrivirent alors au Marquis de Santa-Cruz de Marzenado, Plénipotentiaire d'Eſpagne au Congrès de Soiſſons, qu'on le félicitoit de n'avoir pas ſigné un Traité, pour lequel il falloit couper le poing au Miniſtre qui l'avoit conclu.

France ; le même jour le Marquis de Santa-Cruz, Plénipotentiaire d'Eſpagne au Congrès de Soiſſons, reçût pareillement le ſien. Sa Cour lui donnoit avis du Traité, qui venoit d'être ſigné à Seville, entre les Couronnes d'Angleterre & d'Eſpagne. Le Garde des Sceaux écrivit ſur le champ au Marquis de Santa-Cruz pour ſçavoir de lui quand ils ſe pourroient voir. L'entrevuë fut priſe à deux heures. Dès que Chauvelin vit paroître Santa-Cruz, il courut à lui les bras ouverts, & lui dit : mon cher ami, ſouffrez que je vous embraſſe, & que je me félicite avec vous de l'heureuſe concluſion du Traité qui vient d'être ſigné à Seville. Santa-Cruz recula deux pas en arriere, & parant de la main, il répondit : Tout beau, Monſieur le Garde des Sceaux, tout beau, n'évaporez pas tant de joye, réservez-en pour les Anglois vos bons amis, dont vous avez fait les affaires au préjudice de celles du Roi mon Maître & du vôtre. Jamais homme ne fut plus étourdi que le fût alors le Garde des Sceaux, qui malgré tout son esprit, ne pût se remettre, & ne répondit que par monossyllables à tout ce que lui disoit Santa-Cruz. Il est vrai qu'il avoit reçu de nous cent mille guinées pour nous procurer cet avantage ; & le Contrôleur Général Pelletier des Forts, qui en étoit informé, sçut bien le reprocher à Chauvelin, en présence même du Cardinal de Fleury. Telle est Mylord, telle est notre heureuse maniere de négocier & de réussir. Telle est la clef de nos plus importantes négociations. C'est le vrai & plus sûr moyen d'applanir les difficultés, & de terminer promptement les plus grandes affaires.

L'entreprise de Cartagêne que nous fîmes en 1740. fut une suite de nouvelles contrebandes de notre part, & nous devint encore plus fatale que celle de Porto-Belo. Nous y échouâmes après avoir demeuré devant la place avec plus de 200 voiles pendant près de deux mois depuis le 15 Mars jusqu'au 8. May. Nous y perdîmes plus de dix mille hommes avec un grand nombre de Vaisseaux. Et ce fut une insulte peu convenable, que nous fit un Auteur François de dire alors d'un ton railleur que *ce ne n'étoit pas trop pour une aussi grande* (1) *en-*

(1) Voici ce qu'il me souvient d'avoir lû en un Ecrivain François qui parle de Cartagêne : „ Les Anglois, ces prétendus Souverains de tou-

treprise. S'il étoit encore vivant, j'irois moi-même lui apprendre que l'on ne doit jamais insulter une Nation entiere, telle que la Britannique ; & je lui ferois connoître efficacement que l'on n'est pas toujours heureux à la guerre : *Non est semper in bello tuta* (1) *temeritas*. Nous nous rétablîmes en peu de tems ; je souhaiterois qu'il en fut de même du malheur qui nous est arrivé cette année à la Jamaïque, où nous avons perdus en Vaisseaux & en Marchandises plus de douze millions de livres

„ tes les mers, l'ont assiegée l'année 1740. & ils
„ ont eus l'honneur, après des réjouissances pré-
„ maturées, d'en lever le siége, le 8. Mai de la
„ même année, avec perte de plus de dix mille
„ hommes. Ce n'est pas trop pour une aussi gran-
„ de entreprise. Ils en ont l'obligation au Mar-
„ quis Dom Sebastien de Eslaba, Espagnol d'un
„ très-grand mérite, & Viceroy de Santa-Fé.
Méthode pour étudier la Géographie, Tome VI.

[1] Parole tirée de Grotius.

ſterlings, ſans compter 12 mille hommes qui ſont peris dans ce fatal accident, & le bouleverſement de la moitié de cette Iſle, perte qui ne peut ſe réparer qu'en vingt années.

Vous êtes, Mylord, un des premiers & des plus illuſtres Pair du Royaume. Tirez donc de tout ce que je viens de vous dire les conſéquences les plus juſtes & les plus convenables à notre ſituation préſente. Pour moi, je m'arrête à celles-ci;

1°. A nous réconcilier avec l'Eſpagne, pour rétablir notre commerce aux Indes Occidentales.

2°. A porter la Reine de Hongrie à faire une paix raiſonnable, pour pacifier les troubles de l'Empire & de l'Europe.

3°. A gagner le Roi de Pruſſe pour fonder ſur lui l'équilibre nécessaire à la liberté de l'Europe.

Je suis avec un sincere attachement, Mylord, votre &c.

De Vvestminster, ce.. Juillet 1745.

Les François sont si idolâtres de leur Roi, qu'ils ne peuvent s'empêcher de le louer avec excès, devroient-ils même le faire aux dépens de leur propre réputation; en quoi ils ne nous ressemblent pas. En voici un exemple dans un discours d'un de leurs Juges, qui répond à ce que nous appellerions ici un Président de l'Echiquier; & que ce Magistrat a eu grand soin de faire imprimer lui-même à Lille en Flandres. Les autres Juges quoique plus éloquens, ont eu la prudence de ne le pas imiter.

DISCOURS

PRONONCÉ DEVANT LE ROY, Dans sa Tente, à Pont-à-Chin, sous Tournay, le 4. de Juin 1745.

Cum Notis variorum.

Par M. LE CAMUS, Premier Président de la Cour des Aydes.

SIRE,

LES conquêtes de Votre Majesté sont si rapides (1) qu'il s'agit de

(1) M. le Président y pense-t-il ? Quelles conquêtes avoit fait cette campagne le Roi de France, au moment de ce discours, Pour celles de l'année derniere, nous les avons oubliées nous-mêmes, & le Roi de France paroît trop modeste pour y penser aujourd'hui.

ménager la croyance des descendans, & d'adoucir la surprise des miracles (2) de-peur que les Héros ne se dispensent de les suivre (3) & les peuples de les croire (4).

Non, SIRE, il n'est plus possible qu'ils en doutent, lorsqu'ils liront dans l'Histoire, qu'on a vû Votre Majesté à la tête de ses troupes

(2) C'est véritablement un miracle, que de battre la Nation Angloise ; & nous sommes très-obligés à M. le Président d'être venu exprès de Paris pour faire ainsi notre éloge.

(3) Non, les Héros ne se dispenseront pas de suivre le Roi de France ; autrement ils ne seroient pas des Héros. Le Roi de *Prusse* vient, malheureusement pour nous de le faire avec trop d'éclat & de succès, au préjudice de la cause commune.

(4) Pourquoi les peuples ne le croiroient-ils pas ? Ils ont bien crû ce qu'a fait Henri IV. l'un des Ayeuls du Roi Très-Chrétien, qui a commencé la conquête de son Royaume avec quatre mille hommes & mille écus ; & qui en est venu à bout en moins de cinq ans, malgré tous les efforts des François ligués, soutenus par les forces de Philippe II. Roi d'Espagne & du Pape.

pes (5) les écrire elle-même sur un tambour (6); c'est les avoir gravés à toujours au Temple de Mémoire.

Les siecles les plus reculés sçauront que l'Anglois cet ennemi (7) fier & audacieux, cet ennemi ja-

(5) Quel sujet d'étonnement y a-t-il en cela ? Louis XV. est-il le premier Roi qui se soit trouvé à la tête d'une Armée ? Croit-on qu'un Roi de France doive être un Roi casanier, qui ne sçauroit sortir de Versailles ? Il ne le fait que trop pour notre malheur. LeRoi Guillaume n'a-t-il pas toujours commandé ses Troupes en personne. Les Rois de Suede ; les Gustaves, les Charles XI. & XII. le Roi de Prusse & le Roi de Sardaigne ne s'en sont-ils pas fait, & ne s'en font-ils point honneur ? Et notre Roi Georges n'a-t-il pas enfin risqué lui-même de se mettre à leur tête.

(6) La belle chute ! La grande merveille, écrire sur un Tambour ! comme si on ne le pratiquoit pas tous les jours dans les moindres occasions ; sans que cela soit sujet à tant de surprise, d'exclamations & d'éclat. C'est la galanterie des Généraux. On sent bien que ce M. Le Camus n'a guere vû autre chose que la Cour des Aydes.

(7) Oui nous sommes fiers, & nous avons raison de l'être. Si nous avons été battus, ne nous sommes-nous pas défendus avec toute la vigueur que l'on peut exiger des plus braves Soldats ? Et à

loux de votre gloire, a été forcé de tourner autour (8) de votre Vi-

à quoi a-t-il tenu que nous n'ayons remporté la Victoire? Si le Roi de France n'avoit commandé son Armée, nous pouvions dire que nous la tenions presque dans la main : mais nous aurons peutêtre notre revanche dans un autre tems. Nous prenons de force pour y parvenir, beaucoup de Recrues & de nouveaux Soldats, soit à Londres, soit dans les autres villes de la Grande-Bretagne. Cette démarche est à la verité contraire au génie de la Nation; mais qu'importe, ce sont toujours des Soldats; ils font nombre, quoique mauvais.

(8) Que veut dire ce M. le Président, avec sa phrase alambiquée, Que nous avons été forcés de tourner autour de la victoire du Roi de France. Avons-nous cherché quelques détours ou des faux fuyans? Nous nous sommes présentés de front & avec le courage qui nous est naturel. Les Anglois ne sont pas de caractere à surprendre qui que ce soit : nous voulons acheter & non pas dérober la Victoire. Le contraire n'est pas dans l'esprit de la Nation. Et quiconque a le bonheur de nous battre se peut dire un grand Capitaine. Il ne falloit pas que M. le Président partit de Paris quatre jours avant les autres, pour aller prononcer ce discours. A bon compte, la singularité de la Piéce n'a pas laissé d'en occasioner à Lille & à l'Armée le débit de plus de vingt mille exemplaires en moins de huit jours. Qu'on l'interprete comme on voudra.

ctoire : Que leurs Alliés ont été témoins de leur (9) honte, & qu'ils n'ont tous accouru au Combat, que pour immortaliser le triomphe du Vainqueur.

Nous osons dire à Votre Majesté, quelqu'amour qu'elle ait pour

(9) M. le Président a tort, de dire que nos Alliés ont été témoins de notre honte. Ils ont été acteurs aussi-bien que nous : & deux mille Hollandois tués ou blessés ne marquent pas qu'ils ont été de simples spectateurs. C'est encore ici l'éloge de la Nation Britannique ; mais il ne nous convient point de recevoir des louanges au préjudice de la vérité. Si nous autres Anglois avons été seuls Acteurs de cette sanglante tragédie, il nous est glorieux d'avoir seuls soutenu avec autant de courage que nous avons fait, tous les efforts de l'Armée Françoise, conduite par un Roi qui fait des prodiges de valeur, de prudence, & de bonté dans ses premieres campagnes. Mais ne nous écartons pas & revenons au vrai : tous ont donné selon la position où ils se sont trouvés; Anglois, Hanovriens, Autrichiens, Hollandois, naturels & auxiliaires, tous ont été de la partie. Et c'est ce qui fait malheureusement pour nous la gloire de la Nation Françoise, d'avoit défait une armée, qui étoit supérieure à la leur, & qui ne leur cédoit pas en courage.

ſon peuple, qu'il n'y plus qu'un ſecret d'augmenter notre bonheur, c'eſt de diminuer ſon courage (10); que le Ciel nous vendroit trop cher ſes prodiges, s'il nous en coutoit vos dangers, ou ceux du jeune Héros qui forme nos plus cheres eſpérances.

(10) *Augmenter* notre bonheur ..... *diminuer* votre courage. Oh que cet endroit eſt charmant! que ce M. le Préſident eſt un joli perſonnage, de venir ainſi de Paris pour faire à ſon Roy une Epigramme en Proſe! Notre Compatriote *Owen*, ſi fertile en jeux de mots n'auroit pas mieux dit.

A tous ces éloges je n'ai qu'une choſe à dire. Nous autres Anglois ſommes un peuple libre. Rarement faiſons-nous l'éloge de nos Rois. Nous ſçavons les eſtimer, quand ils ſe rendent eſtimables: mais il ne nous convient pas de les louer d'une maniere outrée; ce ſeroit proprement les inſulter. Contens de les approuver par une conduite reſpectueuſe & par les juſtes déférences que l'on doit aux Chefs de la Nation, ils s'apperçoivent bien que nous les eſtimons, ſans que nous ayons la peine de leur dire; comme nous ſçavons les corriger, & même les chaſſer, quand ils manquent à ce qu'ils nous doivent. Nous laiſſons aux autres Nations le deſir de louer leur Souverain, chacune ſelon leur goût & leurs uſages.

LETTRE
DU ROY.
A M. l'Archevêque de Paris.

MON COUSIN, quelques grands que soient les succès, dont il a plû à Dieu de favoriser mes Armes pendant la Campagne derniére, je viens de recevoir des marques encore plus sensibles de sa puissante protection. Mon Cousin le Maréchal Comte de Saxe, ayant ouvert la Campagne en Flandres par le Siége de Tournay, mes Ennemis se sont aussitôt assemblés pour marcher au secours de cette Place : Et à peine ai-je été rendu à mon Armée, que

que j'ai eu la ſatisfaction de lui voir remporter une Victoire des plus ſignalées. Le Duc de Cumberland, à la tête des Troupes unies des Anglois, Hanovriens, Autrichiens & Hollandois, s'eſt préſenté devant nous le dix de ce mois : après avoir employé toute la journée à faire ſes diſpoſitions pour ſe former entre le Ruiſſeau de Rumigniés & le Haut-Eſcault, il a commencé l'attaque dès le lendemain à la pointe du jour. Le combat, longtems incertain, s'eſt enfin décidé en notre faveur à une heure après midi, & mes Ennemis étant partout défaits & rebutés, ſe ſont retirés en déſordre, abandonnant une partie de leurs Canons, & laiſſant ſur le champ de bataille plus de huit mille hommes de leurs morts & bleſſés. Je ne puis donner aſſez de louanges à la valeur que mes Troupes ; surtout celles de ma Maison, & mon régiment de Carabiniers ont fait paroître sous mes yeux, dans une occasion de cette importance. Mais si je suis touché, comme je le dois, de cette nouvelle preuve de leur zele, je ne dois pas moins reconnoître les bienfaits de la Providence dans l'heureux effet qu'il a produit : & c'est pour lui en rendre les actions de grace les plus solemnelles, que je vous écris cette Lettre pour vous dire, que mon intention est, que vous fassiez chanter le *Te Deum* dans l'Eglise Métropolitaine & autres de votre Diocèse avec les solemnités requises, au jour & à l'heure que le Grand-Maître, ou le Maître des Cérémonies vous dira de ma part, & que vous y invitiez tous ceux qu'il conviendra d'y assiſter. Sur ce, je prie Dieu qu'il vous ait, mon Couſin, en ſa ſainte & digne garde. Ecrit au Camp devant Tournay le 16 Mai 1745. *Signé*, LOUIS.

Et plus bas, PHELYPEAUX.

Et au dos eſt écrit : A mon Couſin l'Archevêque de Paris, Duc de Saint Cloud, Pair de France, Commandeur de l'Ordre du Saint-Eſprit.

RELATION
EXACTE ET DÉTAILLÉE
ENVOYÉE
A MADAME L. E. D.***

Par M. de *** Major du Régiment de *** contenant ce qui s'est passé à la Bataille de Fontenoy, gagnée par l'Armée du ROI, commandée par SA MAJESTÉ, le 11. May 1745.

M. le Maréchal de Saxe commandant sous les Ordres du ROI.

MADAME,

Je n'eus le tems le lendemain de

la Bataille, que de vous informer ſimplement de la Victoire, que le ROI venoit de remporter. Vous me faites l'honneur de me demander aujourd'hui quelque détail ſur un ſi glorieux évenement. Je vous obéis, Madame, avec tout le zele & l'empreſſement que j'aurai toujours de vous plaire, & je me flatte d'y réuſſir par la certitude des faits que j'ai à vous raconter. La vérité ſeule fera tout l'embelliſſement de ma Lettre. Je laiſſe aux *Rouſſet*, aux *Epilogueurs*, & autres plumes de cette eſpece le ſoin de la déguiſer en faveur du parti auquel ils ſe ſont vendus. Je ne m'y oppoſe point. C'eſt leur metier, leur talent, leur gagne-pain. Ne faut-il pas qu'ils vivent ? Je le veux de tout mon cœur, & n'écrivant que pour vous Madame, mon deſſein n'eſt point de deſabuſer ce qu'il peut y avoir de crédule dans le Public, ni de couper les vivres à ces ſortes d'Ecrivains. Je paſſe à la Relation de notre Bataille; mais je reprendrai les choſes d'un peu plus loin, afin que votre curioſité ſoit mieux ſatiſfaite.

M. le Maréchal de Saxe donna ſi bien le change aux Ennemis dans les premiers mouvemens qu'il fit faire à ſes Troupes, entrant en Campagne, qu'ils ne purent jamais pénétrer ſi c'étoit à Mons ou à Tournay qu'il en vouloit. Toutes les diſpoſitions paroiſſoient faites pour Mons. Nous le penſions nous-mêmes, en nous rendant à nos Quartiers d'aſſemblée. Mais pour les Habitans de Tournay, ils croyoient que ce n'étoit ni pour l'une ni pour l'autre de ces Places. Ils penſoient au contraire que les Alliés, comme ils en avoient fait répandre le bruit chez eux, ouvriroient la Campagne par le siége de Lille, & que les mouvemens que faisoit faire M. le Maréchal de Saxe, n'étoientque des mouvemens d'observation. Ces Habitans en étoient si persuadés, qu'ils offroient à leurs amis de Lille de les recevoir chez eux pendant le siége de leur Ville.

Ce mystere fut bien-tôt éclairci. M. le Maréchal de Saxe fit semblant de marcher sur Mons ; mais il rabattit tout-à-coup sur Tournay & fit l'investiture le 26 du mois dernier. La tranchée fut ouverte la nuit du 30 au premier de celui-ci. Les Ennemis penserent deslors sérieusement à secourir cette Place toute leur Armée fut assemblée le 28 Avril sous Bruxelles. Elle se mit en marche le 30 & fut camper à Lambeeck, où elle séjourna le premier May. Le 2 elle campa entre Soignies & Cambron. Elle garda ce camp jusqu'au 7 qu'elle le quitta pour se porter à Mollay, & le 8 à Ellignies. Le 9 elle se remit en marche, & longeant le bois de Barry, elle vint camper au Village de Maubray, en se couvrant toujours des bois de Barry & de Leuze.

M. le Maréchal de Saxe, qui étoit exactement informé des mouvemens des Ennemis avoit déja fait toutes ses dispositions pour les bien recevoir. Il avoit été lui-même reconnoître son Champ de Bataille. Il avoit tiré du terrain tous les avantages qu'il pouvoit lui fournir, & donna ordre le 7 aux Troupes de se tenir prêtes à marcher à l'arrivée du ROI.

SA MAJESTÉ étoit arrivée le même jour à Douay avec MONSEIGNEUR LE DAUPHIN. Elle y reçut vers les onze heures du ſoir un Courier de M. le Maréchal de Saxe, par lequel il lui donnoit avis de l'approche des Alliés, & Elle partit le lendemain à quatre heures du matin.

Le ROI arriva ſur les neuf heures au château de Pont-à-Chin, où l'on avoit marqué ſon quartier, comme le plus à portée de la tranchée. Il s'enferma auſſi-tôt avec M. le Maréchal de Saxe; & voyant ſur le compte que lui rendit ce Général, qu'il n'y avoit pas un moment à perdre, l'ordre fut envoyé aux Troupes, qui avoient leur Camp ſur la rive gauche de l'Eſcaut, de paſſer cette Riviere, pour aller ſe mettre en bataille ſur le terrain, qui avoit été marqué pour le Combat.

Le 9 SA MAJESTÉ fut reconnoître elle-même le champ de

Bataille ; elle étoit accompagnée de MONSEIGNEUR LE DAUPHIN, & revint le ſoir avec lui, paſſer la nuit ſur la paille au Village de Callonne, auprès de nos Ponts du haut Eſcaut.

Le 10 à la pointe du jour, toutes les diſpoſitions furent faites, & l'Armée rangée en Bataille ; elle avoit ſa droite appuyée à Anthoin, que l'on avoit retranché. On y plaça la Brigade de Piedmont, avec pluſieurs piéces de Canon pour le défendre, & la Brigade de Crillon fut miſe à côté de ce Village pour le ſoutenir.

Le Village de Fontenoy, qu'on avoit retranché auſſi avec beaucoup de ſoin ſaiſoit le centre de la ligne. La Brigade du Régiment Dauphin fut miſe dans ce Village. Elle étoit ſoutenue par le Régiment du Roi ; & à une petite diſtance en arriére étoient les Brigades des Régimens de la Couronne, & de Royal.

La gauche s'étendoit en équerre jusques à l'extremité de cette partie du bois de Barry, qui touche au Village de Ramecroix. On avoit fait quelques abbatis au coin de ce Bois, & l'on y avoit construit deux Redoutes, dans lesquelles on plaça le Régiment d'Eu avec du canon. On fit entrer dans le bois toute l'Infanterie du Régiment de Grassin, pour éclairer les manœuvres des ennemis. Beaucoup de canon de campagne fut placé sur le front de cette premiere ligne.

La Cavalerie étoit rangée sur deux lignes derriere ce premier front. Elle appuyoit sa droite à l'Infanterie, qui étoit entre les villages d'Anthoin, & de Fontenoy, & la gauche à la Chapelle de Notre Dame des Bois.

La Maiſon du Roi & les Carabiniers, avec quelques Troupes, tant de Cavalerie, que d'Infanterie, faiſoient le Corps de réſerve Nous avions trois redoutes ſur le front de la ligne, qui s'étendoit depuis Anthoin juſqu'à Fontenoy. La premiere redoute étoit à côté de ce dernier Village ; la ſeconde étoit éloignée de cent toiſes de la premiere, & la troiſiéme étoit à la diſtance de cent quarante toiſes de la ſeconde.

Il y a huit cens toiſes d'Anthoin à Fontenoy, & cinq cens vingt toiſes de Fontenoy à la pointe du bois de Barry, où étoit appuyée notre gauche. Depuis la pointe du bois, le terrein va en pente douce juſqu'à Fontenoy, ainſi que depuis Notre Dame des Bois juſqu'à Anthoin. Telle étoit la diſpoſition de notre Armée, & tel étoit le terrein qu'elle occupoit. J'entre dans tous ces petits détails, afin que fur le plan vous puiffiez, Madame, vous mieux repréfenter tous les mouvemens des deux armées.

Pendant toute la matinée du 10 il ne parut au débouché des bois, derriere lefquels étoient les Ennemis, que quelques Corps de Cavalerie, qui fe mirent en Bataille. Ils poufferent enfuite quelques têtes d'Infanterie, qu'on vit occupée à s'ouvrir des marches pour pouvoir venir à nous fur plufieurs colonnes. Le ROI paffa une grande partie de la journée avec MONSEIGNEUR LE DAUPHIN & M. le Maréchal de Saxe, à confidérer toutes ces différentes manœuvres, & s'approcha même de fort près des Gardes avancées, où il fut témoin de plufieurs efcarmouches qu'il y eut entre les deux Partis. SA MAJESTE' examina enſuite la poſition de ſon Armée, dont elle fut très-contente. Elle en parcourut toutes les lignes, en marquant à l'Officier & au Soldat la confiance, qu'il avoit en leur valeur, & revint le ſoir à Calonne coucher encore ſur la paille, avec MONSEIGNEUR LE DAUPHIN.

Les Ennemis firent pendant la nuit leurs dernieres diſpoſitions ; & le 11 à cinq heures du matin, ils ſe formerent à la demi portée du canon de nous. Les Anglois occupoient la droite, & les Hollandois par leur gauche faiſoient l'équerre, en s'allongeant vers le village d'Anthoin. Les deux Armées ainſi en préſence, commencerent peu de momens après à ſe canoner ; & le ROI accompagné de MONSEIGNEUR LE DAUPHIN, paſſa auſſi tôt l'Eſcaut pour venir ſe mettre à la tête de ſes Troupes.

Cette canonade dura jusques vers les neuf heures du matin avec une grande vivacité. L'Infanterie des Ennemis se mit alors en mouvement sur plusieurs colonnes, pour nous venir attaquer, & ils marcherent d'abord comme pour embrasser le village de Fontenoy Ils s'y porterent en forces. Mais il en sortit un feu si prodigieux d'artillerie & de Mousquetterie, que dans un moment la terre se vit couverte de leurs corps morts.

Cette attaque fut soutenue, & se fit avec un grand acharnement. Le village de Fontenoy faisoit un point capital; & il étoit d'une conséquence d'autant plus essentielle pour nous de le défendre, que si les ennemis s'en fussent emparé, il étoit à craindre qu'ils ne s'y fussent maintenus, & qu'avec un tel point d'appuy, ils n'eussent alors réussi à couper en deux notre Armée. Mais M. le Maréchal de Saxe y avoit sagement pourvû. Il avoit placé dans cette partie les troupes nécessaires pour une vigoureuse défense, & les Ennemis y furent toujours vivement repoussés, en laissant un grand nombre des leurs sur la place.

Les Ennemis ne se rebuterent point. Ils formerent au contraire sur le champ deux lignes fort épaisses d'Infanterie, & ils marcherent en très-bon ordre, pour attaquer le centre de notre premiere ligne, malgré le feu de l'Artillerie du village de Fontenoy, & celui de la redoute que nous avions à notre gauche. Mais le feu que firent aussi les Ennemis de leur côté, fut si vif & si nourri, qu'il ébranla notre front, & lui fit même céder quelque terrein. Il s'y mit aussi un peu de desordre, ce qu'on ne peut attribuer qu'à la grande supériorité des Ennemis dans cet endroit, & aux intervalles que nous avions été obligés de laisser entre nos bataillons, afin d'en porter quelques-uns à notre gauche, vis-à-vis du bois, parce qu'il étoit à craindre que les Ennemis ne cherchassent à nous y attaquer par le flanc.

Après cet ébranlement, notre premiere ligne de Cavalerie qui soutenoit l'Infanterie du front, chargea aussi-tôt les Ennemis; mais leur feu continuoit d'être si considérable & si suivi, qu'elle fut obligée de plier, & d'aller se rallier derriere l'autre ligne. Celle-ci donna à son tour, & fut forcée comme la premiere de céder à la vivacité du feu qu'elle essuya. Notre Cavallerie cependant ne se découragea point. Elle revint jusqu'à trois fois à la charge, & donna le tems par ce moyen à l'Infanterie de se rallier, & de se réformer sur le front.

Les Ennemis qui durant cette attaque, n'avoient eu que de l'avantage, formerent pour le soutenir une colonne à deux faces, ou bien une espece bataillon quarré long, qui étoit composé de toute l'Infanterie Angloise & Hannovrienne. Ce Bataillon faisoit un feu terrible de tous côtés, & il avoit à sa tête plusieurs piéces de canon qui tiroient à cartouche.

Je vous l'avoue, Madame, on vit alors le moment où l'affaire étoit douteuse. Elle devenoit même à chaque instant plus incertaine, lorsque le Roi envoya ordre à la Brigade de Normandie & à celle des Irlandois, d'attaquer ce Bataillon quarré par sa droite, & aux Carabiniers par sa gauche,

& qu'en même-tems la Maiſon du Roi le chargeroit de front. Aux Brigades de Normandie & des Irlandois, ſe joignirent quelques autres Régimens d'Infanterie de la premiere ligne.

Cet ordre fit le gain de la Bataille. Les Troupes qui en avoient été chargées, l'exécuterent toutes enſemble & dans un même tems, avec tant de vigueur & de vivacité, qu'elles enfoncerent de toutes parts ce Bataillon quarré, & en firent une cruelle boucherie.

Pendant que cette attaque ſe faiſoit dans le Centre, & que tout y étoit encore dans l'incertitude, l'Infanterie Hollandoiſe, ſoutenue d'une ligne de Cavalerie, marchoit pour attaquer notre front de la droite, entre le Village d'Anthoin & celui de Fontenoy. Leur marche fut ferme & aſſurée; & malgré le feu de notre Canon, qui leur tuoit beaucoup de monde, ils s'avancerent en très-bon ordre jusques sur le feu de notre ligne. Mais ils y furent si bien reçus par notre Infanterie, qu'après avoir plusieurs fois inutilement tenté de la rompre, ils furent enfin obligés de se retirer avec beaucoup de perte.

La Cavalerie des ennemis, qui pendant toute l'action avoit resté en bataille le long des Bois de Barry, sans donner ; mais qui avoit beaucoup souffert de notre Canon, recueillit leur Infanterie, qui lui arrivoit en fuite de toutes parts, & commença la retraite vers les deux heures & demi de l'après midi, que l'action finit. Nos Troupes les poursuivirent jusques à l'entrée des Bois ; mais on ne jugea pas à propos de les y laisser entrer, afin de ne pas s'expoſer à perdre témérairement le gain d'une Bataille ſi bien décidée.

L'armée des ennemis étoit forte de cinquante-cinq mille hommes. Celle du Roi, par la ſupputation que j'en ai faite, Bataillon par Bataillon, & Eſcadron par Eſcadron, ne paſſoit pas quarante mille hommes, parce qu'on avoit été obligé de laiſſer un Corps conſidérable de Troupes au Siége, de crainte des ſorties; & qu'il y en avoit auſſi beaucoup d'employées à garder nos Ponts ſur l'Eſcaut, & les différentes autres communications de l'Armée.

Cependant malgré cette infériorité, rien n'a manqué à la défaite des ennemis. Le champ de Bataille nous a fourni la preuve, que leur perte en tués, bleſſés ou priſonniers, peut aller aux environs de quinze mille hommes ; & l'on ſçait que le ſoir de l'Action il leur en manquoit plus de dix-huit mille, lorſqu'ils firent l'appel. Il faut ajouter à cette perte quarante-trois piéces de canon que nous leur avons pris, & cent quatre-vingt-deux Chariots chargés de toutes munitions de Guerre.

L'Armée du Roi n'a pas perdu trois mille cinq cens hommes, tant tués que bleſſés. Ce n'eſt pas cependant pour avoir été couverte de pluſieurs retranchemens, les uns ſur les autres, comme le diſent les Gazetiers d'Hollande : car je puis vous aſſurer, Madame, qu'il n'y en avoit aucun, & que même il n'en a jamais été queſtion. Nous avions pour tout, deux Redoutes ſur la gauche, dont il n'y en a eu qu'une qui ait ſervi. Nous en avions encore trois autres à côté du Village de Fontenoy, en tirant ſur celui d'Anthoin. Mais ces trois Redoutes étoient très-petites & mal conſtruites, parce qu'on y avoit ſeulement travaillé pendant la nuit & fort à la hâte, & qu'à la verité on n'avoit pas eu le tems de faire mieux. C'étoient là ces grands retranchemens qu'on fait ſonner ſi haut, & ces Batteries maſquées, qui n'ont jamais exiſté que dans la tête de ces Gazetiers. Il en eſt de même d'Anthoin, que ces véridiques Nouvelliſtes érigent en Château & en Fort, & qui n'eſt cependant qu'un mauvais Village tout ouvert, & compoſé ſeulement de la Maiſon du Seigneur & de cinq ou ſix méchantes chaumieres de Païſan, avec une Egliſe au milieu. Cependant *l'Epilogueur* d'Amſterdam, qui prend les qualités brillantes & mignognes de politique, galant & critique, me paroît d'aſſez bonne foi. C'eſt un bon-homme, qui croit lire dans les livres de la Providence, & qui après avoir pris la peine d'y voir le 17 de ce mois, a crû y trouver en les parcourant, que le peu de ſuccès des Alliés dans la Bataille de Fontenoy, étoit une punition de leur inaction de la derniere Campagne, où ils ne ſçûrent pas profiter des occaſions offertes par la Providence, de battre M. le Maréchal de Saxe. Ces occaſions étoient, qu'ils avoient deux fois plus de Troupes que ce Général, & qu'ils réduiſirent néantmoins tous leurs efforts à faire quelques Fourages entre Cyſoing & Lille.

Cette diſgreſſion, Madame, m'a mené un peu loin ; mais je reviens à ma Relation & je fini. On ne peut aſſez admirer le ſang froid, la constance & la fermeté que le Roi fit paroître pendant toute l'Action. Monseigneur LE DAUPHIN ne quitta jamais SA MAJESTE'. Ce jeune Prince, bien loin d'être étonné du bruit horrible du Canon & de la Mousqueterie, marqua au contraire la contenance la plus assurée; & plein d'ardeur & de courage, il se seroit mis volontiers dans la mêlée, si on le lui eût permis. Il mit même brusquement l'épée à la main pour rallier quelques Troupes, & il vouloit absolument charger à la tête de la Maison du Roi. Dieu le conserve, Madame; mais voilà un digne rejetton du sang de Bourbon, & de grandes & estimables qualités dans d'Héritier présomptif de la Couronne.

Tous les Seigneurs qui étoient auprès de SA MAJESTE', ont

marqué la valeur la plus diſtinguée dans l'exécution des ordres du Roi pendant la Bataille ; & ils ont tous donné, à la tête des différentes Troupes auxquelles ils étoient envoyés. Je rends la juſtice aux Ennemis, qu'ils ſe ſont auſſi bien battus. Leurs attaques ont été vives & pleines de courage ; leurs manœuvres belles & tous leurs mouvemens bien conduits. Mais ils ont été défaits, que rien n'y a manqué ; & il faut bien, Madame, que cela fût écrit dans quelques-uns des Livres de la Providence, que *l'Epilogueur* d'Amſterdam n'a point, car auſſi-bien il ſeroit trop en Bibliotheque, s'il les avoit tous.

M. le Marêchal de Saxe, Général de l'Armée, a donné dans cette Bataille de grandes marques de ce courage, de cette netteté d'esprit & de cette capacité que tout le monde lui connoît, & qui lui ont acquis une si belle réputation en Europe. Il fut pendant toute l'Action à cheval, quoique incommodé, & donna ses ordres par tout, où le besoin le demandoit, pour faire manœuvrer les Troupes. M. le Marêchal de Noailles. qui étoit arrivé depuis deux jours à l'Armée, y servit très-utilement dans cette journée. Il concourut en plusieurs tems à l'exécution des sages dispositions que M. le Marêchal de Saxe avoit faites, & donna sur tout son attention à tout ce qui pouvoit avoir rapport à la sureté de la personne du Roi, & de celle de Monseigneur LE DAUPHIN, qui furent plus d'une fois très exposées.

Nos blessés & ceux des Ennemis ont été portés à Lille, à

Douay,

Douay, à Condé & à Valenciennes. Le Roi a expreſſément ordonné que les bleſſés des Ennemis fuſſent traités avec le même ſoin, que ceux de ſes propres Troupes. Je ne ſçaurois dire aſſez de bien de M. de Séchelle, Intendant de Flandres & de l'Armée : il n'a rien laiſſé à deſirer, ni pour les choſes néceſſaires, ni pour le bon ordre des Hôpitaux. Les Habitans de Lille ſe ſont diſtingués dans cette occaſion. Ils alloient en foule aux Hôpitaux à meſure que les bleſſés y arrivoient, & y portoient avec tant d'abondance du linge, du vin, de la viande & les autres ſecours de toute eſpéce, dont on pouvoit avoir beſoin, qu'on a été obligé de mettre des bornes à leur charitable zéle par des défenſes, & de poſer même des Sentinelles aux portes des Hôpitaux, afin que le

Soldat bleſſé ne périt point par l'abus de trop de nourriture.

Je joins ici une Liſte des morts & des bleſſés des deux Armées.

Je vous demande pardon, Madame, d'une ſi longue Lettre. Mais vous m'avez fait l'honneur de me demander du détail, & mon premier devoir ſera toujours de vous obéir, aux riſques même dans cette occaſion de vous ennuyer. Je ſuis, &c.

Au Camp devant Tournay le 20 May 1745.

Officiers principaux de l'Armée du Roi, qui ont été tués ou bleſſés à la Bataille de Fontenoy.

M. le Duc de Gramont, Lieutenant Général & Colonel des Gardes Françoiſes, tué.

Douay, à Condé & à Valenciennes. Le Roi a expressément ordonné que les blessés des Ennemis fussent traités avec le même soin, que ceux de ses propres Troupes. Je ne sçaurois dire assez de bien de M. de Séchelle, Intendant de Flandres & de l'Armée : il n'a rien laissé à desirer, ni pour les choses nécessaires, ni pour le bon ordre des Hôpitaux. Les Habitans de Lille se sont distingués dans cette occasion. Ils alloient en foule aux Hôpitaux à mesure que les blessés y arrivoient, & y portoient avec tant d'abondance du linge, du vin, de la viande & les autres secours de toute espéce, dont on pouvoit avoir besoin, qu'on a été obligé de mettre des bornes à leur charitable zéle par des défenses, & de poser même des Sentinelles aux portes des Hôpitaux, afin que le

Soldat blessé ne périt point par l'abus de trop de nourriture.

Je joins ici une Liste des morts & des blessés des deux Armées.

Je vous demande pardon, Madame, d'une si longue Lettre. Mais vous m'avez fait l'honneur de me demander du détail, & mon premier devoir sera toujours de vous obéir, aux risques même dans cette occasion de vous ennuyer. Je suis, &c.

Au Camp devant Tournay le 20 May 1745.

Officiers principaux de l'Armée du Roi, qui ont été tués ou blessés à la Bataille de Fontenoy.

M. le Duc de Gramont, Lieutenant Général & Colonel des Gardes Françoises, tué.

M. du Brocard, Maréchal de Camp, & commandant l'Artillerie, tué.

Mylord Dillon, Brigadier & Colonel d'un Régiment d'Infanterie irlandoiſe, tué.

M. le Marquis de Beauveau, Colonel du Régiment du Haynault, tué.

M. le Chevalier de Suzy, Ayde-Major de la Compagnie de Noailles des Gardes du Corps, tué.

M. le Chevalier de Saumery, Maréchal de Camp, & Enſeigne de la Compagnie de Villeroy des Gardes du Corps, mort de ſes bleſſures.

M. le Marquis de Lutteaux, Lieutenant Général, mort de ſes bleſſures.

M. le Chevalier d'Apcher, Lieutenant Général, bleſſé.

M. le Duc d'Avré, Brigadier &

Colonel du Régiment de la Couronne, blessé.

M. le Marquis de Crenay, Brigadier & Mestre de Camp du Régiment de Penthiéve, blessé.

On ne met point ici les Capitaines & Officiers subalternes, qui ont été tués ou blessés.

Extrait d'une Lettre de Bruges du 19 May, contenant la Liste des Officiers Anglois, tués ou blessés.

Officiers Généraux tués.

Ligonier,
Ponsonby,
Wade,
Campbell, mort de ses blessures.

Colonels tués.

Gée,
Montagu,
D'Alway,
Bareſley,
Kettel.

Capitaines aux Gardes tués.

Douglas,
Dillet,
Carpenter,
Withmore,
Neidam.

Officiers Généraux bleſſés.

Milord Albemarle,
Milord Catheart,
Milord Penbrock,
Milord Charles Hey,
Le Lord Ancram,
Le Comte de Grafford,

Scaville,
Robert Maméers,
Robert Berty,
Sabine, &c.

Et quantité de Lieutenans Colonels, de Capitaines & de Subalternes, tués ou blessés.

Officiers Hollandois tués.

Le Brigadier Salis,
Le Colonel de Vassenaar,
Le Colonel Van Hissel,
Le Major Turler,
Le Major Van Collen,
Le Major Enderly,
M. de Léew,
M. Schul,
M. Schoon,
M. Buddenbrock,
M. Massau,
M. Iddenga,
M. Van Breugel,
Le Baron de Linden de Blitters-

wick, Colonel, mort de ses blessures.

Le Baron de Colben, mort de ses blessures, &c.

Officiers Hollandois blessés.

Le Brigadier Van Efferen,
Le Colonel Voorst,
Le Colonel Héémstra,
Le Lieutenant Colonel Rhodt,
Le Major Géérsma,
M. Van Dam,
M. Van Goens, &c.

FIN.

www.ingramcontent.com/pod-product-compliance
Ingram Content Group UK Ltd.
Pitfield, Milton Keynes, MK11 3LW, UK
UKHW020346230726
13925UKWH00003B/985

9 782013 681872